Primo racconto

Fritz è stato il nostro cane per anni.
L'abbiamo preso da un'associazione animalista proprio il giorno in cui l'avrebbero dovuto sopprimere. Ce l'hanno detto dopo che avevamo scelto di adottarlo. A Fritz piaceva molto andare in campeggio e nel corso degli anni sembrò quasi aver capito il significato della parola. Appena veniva menzionato il campeggio, si agitava e iniziava a correre per tutta la casa con un tale impeto da andare a sbattere contro l'armadietto della cucina. Era davvero uno spasso guardarlo, ma ci siamo ritrovati a dover sillabare "campeggio" in modo da riuscire a organizzare il viaggio.

Vita da cani

Leroy Vincent

Traduzione di Lucrezia Garofalo

Secondo racconto

Ho un pastore tedesco di quasi tre anni e 45 kg.
E' davvero divertente quando si mette a cercarti.
Se sei in una stanza o nell'ingresso e rimani
immobile per un minuto, viene a guardarti, poi si
ferma e inizia ad arretrare leggermente. Se
continui a stare immobile, corre via ma torna
subito dopo e si acquatta sul pavimento,
cercando di decidere se rimanere o scappare. Se ti
muovi o fai un passo in avanti, Taser salta e corre
via il più velocemente possibile. Corre fino a che
non si trova davanti il divano, torna indietro e
ricomincia il giro. Puoi far finta di immobilizzarti
più volte ed essere sicuro che ogni singola volta
andrà di matto. Lascia il divano in condizioni

pietose ma fa ridere così tanto! Per lui è come

cercare di non guardare un incidente, sente di

dover tornare indietro per vedere di più!

Terzo racconto

La mia Chihuahua di 4,5 kg è adorabile e dolcissima, ma a volte è proprio una buffona. Un giorno sentì in TV qualcosa di simile a un "Ti amo" ad alta frequenza e iniziò ad abbaiare/ululare. Allora, per vedere come avrebbe reagito, iniziammo a imitare quello che aveva sentito e a ululare "Ti amo". Lei ululava in risposta "Ti amo", agitandosi tutta. Ora risponde sempre in questo modo ed è esilarante.

Quarto racconto

Il mio cane si chiama Rahul. E' bellissimo e intelligente come Google; l'ideale per fare la guardia alla casa. E' anche molto vivace. Ricordo una vicenda che ora mi sembra proprio divertente. Un giorno, senza dirlo a nessuno, mio zio aveva preso alcune caramelle e le aveva nascoste nella tasca dei pantaloni. Essendo diabetico, non avrebbe dovuto mangiare dolci ed è per questo che aveva fatto tutto di nascosto. I bambini iniziarono a cercare le caramelle e dopo un po' anche io mi unii alla ricerca. Era molto strano che fossero sparite e iniziai a chiedere alle altre persone in casa, ma sembrava che non le avesse prese nessuno. All'improvviso il mio Rahul saltò verso lo zio e iniziò a mordicchiargli la tasca dei pantaloni, quasi prendendogli la coscia e facendogli male. Questa scenetta fece ridere tutti.

Quinto racconto

Ho un cagnolino. Si chiama Chippu ed è una peste. Gioca con i nostri figli e corre insieme a loro. Ogni tanto prende la palla ed è sempre lui a vincere. Adoriamo il nostro Chippu ed è una guardia perfetta per la casa. Spesso si mette a litigare con i gatti randagi e inizia ad abbaiare.

Sesto racconto

Decisi di adottare un cucciolo circa tre anni fa. E' un incrocio tra un Rhodesian Ridgeback e un Rottweiler. Il giorno in cui andai a sceglierlo dalla cucciolata di otto, tutti i cuccioli correvano intorno e giocavano. Quando stavo per scegliere, c'era questo qui che si nascondeva timidamente dietro un arbusto, evitando gli altri. Pensai, mmm bene, mi piace un cane timido e pensai anche, ok sarà facile addestrarlo. Mi abbassai per prenderlo in braccio, era carino e tenero e aveva quel tipico buon odore di cucciolo. Avevo appena scelto il mio nuovo cane.

Dopo all'incirca cinque mesi, l'addestramento procede alla grande. E' molto intelligente e si comporta bene. L'ho fatto stare nella cuccia sin dal primo momento e sembra aver preso delle buone abitudini.

Ora è anche addestrato a usare il vasino e a non masticare le cose quando non sono in casa. Così decisi, proviamo a lasciarlo da solo per tutto il giorno. Chiuderò le altre stanze della casa in modo che abbia solo una piccola area dove girare liberamente. Misi tutto in ordine e lasciai in giro diversi giocattoli con cui avrebbe potuto passare il tempo.

Lascio la casa con le dita incrociate sperando che non ci siano incidenti e che non finisca a mordicchiare il suo letto. Vado a lavoro e penso se all'ora di pranzo non sia il caso di tornare a casa per dargli un'occhiata. L'ho lasciato da sole quattro ore.

Accosto vicino casa e riesco a vederlo tutto soddisfatto sul divano. Mentre mi avvicino alla porta d'ingresso, sbircio dalla finestra e rimasi scioccato per quello che vidi. Allora apro la porta e trovo il soggiorno trasformato in una zona colpita da un tornado. Questo cagnolino ha deciso di mordicchiare il cuscino di ogni sedia fino a ridurlo in mille pezzi, il mio tavolino da caffè assomiglia a una pannocchia arrostita con i bordi mordicchiati tutti intorno. Sul pavimento ci sono cinque punti discarica. La porta della camera da letto era aperta e biancheria, carta igienica e piumino erano ridotti a brandelli, con piume sparse dappertutto. Era proprio come se il diavolo della Tasmania avesse fatto tappa a casa mia.

In tutto ciò, vedo del fumo e sento puzza di bruciato dalla cucina. Sono tipo, ma che cavolo sta succedendo? Vado in cucina e trovo uno dei fornelli della cucina a gas acceso a fiamma alta.

Per quanto mi sforzi, so di non averlo lasciato acceso, perché non ho cucinato quella mattina.

Dopo aver spento il fornello ed essere tornato nel soggiorno, il mio cucciolo sembra dolce e tutto quanto e non si è mosso di un centimetro dal divano. Mentre se ne sta lì, con il suo bel musino tra le zampe anteriori, gli si può leggere nello sguardo "ti ho fregato".

Pulii tutto, il che mi portò via un paio d'ore. Mi dissi, vorrei davvero avere una videocamera in casa perché tutto quello che riesco a immaginare è il cane che fa tutto questo e che ogni tanto si ferma per guardare in video, come per dire "Guarda papi, ecco cosa ti combino se mi lasci da solo!"

Ancora oggi, per quanto ci provi, non riesco a capire come cavolo sia riuscito ad accendere la cucina a gas e ad aprire la porta della mia camera.

Ovviamente, nonostante ormai sia cresciuto e sia molto beneducato, mi è servito un po' di tempo prima di fidarmi abbastanza da lasciarlo di nuovo da solo. Oh, e sono ancora senza tavolino da caffè.

Settimo racconto

Un giorno io e mia sorella ordinammo una pizza per pranzo. Non mi ricordo perché, ma a un certo punto dovemmo uscire di casa. Appena messo piede fuori sentimmo un forte schianto provenire dalla sala da pranzo dove avevamo lasciato la pizza. Ci precipitammo all'interno e trovammo la nostra cagnolina, un incrocio tra un levriero irlandese e un pastore tedesco, al centro del tavolo, intenta a spazzolare via la pizza. Quando ci vide, cercò di nascondersi dietro i cartoni, le si poteva leggere in faccia il dubbio: è meglio rimanere sul tavolo o saltare giù per nascondersi da qualche altra parte? Non riuscii neanche a sgridarla per quanto stavo ridendo.

Ottavo racconto

Siamo orgogliosi di annunciare che il nostro calendario non è mai stato così intenso come in questo tour 2016! A dirla tutta, la nostra organizzazione ha superato da sola tutti i record per la maggior parte dei programmi con cani acrobati che sono stati prodotti in un anno. In quanto società di intrattenimento di proprietà familiare, possiamo dire che questo è l'anno perfetto! Non solo intratteniamo milioni di persone in più di 50 città degli Stati Uniti, ma contribuiamo a diffondere una maggiore consapevolezza riguardo alla cura responsabile e all'adozione di animali domestici in ogni comunità in cui ci esibiamo. E' questo l'obiettivo finale, che perseguiamo con passione dal 1999!

Nono racconto

Ho un Border collie che si diverte come un matto a mettere in disordine i tappeti. Un giorno, lo sgridai per aver scompigliato il tappeto della porta d'ingresso. Uscii a prendere la posta e quando tornai il tappeto era SPARITO. Da calciatore provetto, lo aveva trascinato per tutta la casa fino alla camera da letto, nascondendolo dall'altra parte del letto, quindi fu difficile da trovare. Scommetto che lo trovò divertente. Idiota.

Decimo racconto

La nostra cagnolina Bailee Boo è un incrocio tra un Golden retriever, un Labrador retriever e un Pastore tedesco. Per noi è davvero speciale. Ha una personalità fantastica. Adora stendersi sottosopra e sorridere. Dà strette di mano con entrambe le zampe, batte il cinque, si siede in modo composto e starnutisce.

Va pazza per i lecca lecca. Un giorno, venne con noi nel SUV e mentre compravamo qualcosa, la lasciammo nella macchina accesa. Uno dei bambini aveva comprato un mucchio di questi lecca lecca alla fragola. Torniamo in macchina e sentiamo questo risucchio, mi girai e dissi "Bailee": la sua testa fece capolino dal sedile posteriore con un lecca lecca penzoloni dalla bocca. Se lo stava proprio gustando. Fu molto divertente vederla così! Adora i lecca lecca. Ama anche Halloween proprio per questi.

A cinque mesi venne investita da un grande SUV e il veterinario disse di non aver mai visto un cane con la stessa voglia di vivere e così leale alla propria famiglia. Ebbe una lussazione al fianco, un ematoma all'utero e un'emorragia interna, costole rotte, ecc. Dovettero attaccarla all'ossigeno per tre giorni ma sopravvisse a tutto.

Undicesimo racconto

Ho un'Alaskan malamute di tre anni. Quando vivevo a Washington, c'era una porta scorrevole di vetro. Un giorno lasciai la mia cagnolina in casa per andare a lavorare in giardino. A un certo punto guardai verso la porta e la vidi impegnata a cercare di aprirla spingendo la maniglia con il naso. Alla fine ci riuscì e venne fuori.

Dodicesimo racconto

Il mio cane, Snow, è sia sordo che cieco, quindi oltre al fatto che è allegro e affettuoso, può risultare difficile averci a che fare rispetto agli altri cani. Ha l'olfatto più sviluppato dei cani normali ed è il suo primo mezzo per entrare in contatto con il mondo che lo circonda. Inoltre, quando si tratta di premi e cibo, sa che se riesce a sentirne l'odore si deve sedere con calma in un determinato modo prima che gli venga dato qualcosa.

Un paio di mesi fa mio fratello venne a stare da me qualche settimana e, a parte quello che cucinavo, la sua dieta sembrava consistere quasi esclusivamente di toast o sandwich con il burro di arachidi. Ora, Snow, come la maggior parte dei cani, va pazzo per il burro di arachidi e, nonostante mio fratello non lo avesse mai condiviso con lui, presto iniziò ad andargli vicino e a sedersi per ottenere un regalino. Immagino che mio fratello odorasse di burro d'arachidi in modo appena sufficiente affinché Snow non si schiodasse. L'unica cosa certa è che ogni volta che mio fratello si trovava nella sua stessa stanza, Snow iniziava a sedersi e a supplicare.

Mio fratello è venuto anche lo scorso fine settimana. Il mio compagno lo ha fatto entrare e si è dimenticato di avvisarmi, ma rientrando da una passeggiata, Snow mi ha avvertita prima di chiunque altro. Ancora convinto che mio fratello fosse fatto di burro d'arachidi e avendo catturato una folata del suo odore, il cane si è precipitato di sopra e si è seduto fuori dalla camera degli ospiti dove mio fratello stava per

concedersi un regalino.

Tredicesimo racconto

Il miglior cane che abbia mai avuto pesava poco più di 5 kg ed era un incrocio di terrier di nome Tuffy (duro). Lo abbiamo chiamato così perché era convinto di essere il cane più grosso e cattivo di sempre.

Nel nostro quartiere vivevano parecchi gatti e i cani si divertivano a dar loro la caccia. Ovviamente, Tuffy divenne lo sceriffo del nostro giardino: "vietato l'ingresso ai gatti". Un giorno, mentre stava facendo il giro di controllo in giardino, si imbatté in un grande gatto, iniziò immediatamente ad abbaiare e a rincorrerlo. Il gatto, almeno 2-3 volte più grosso di Tuffy, non corse via come gli altri. Al contrario, si girò e iniziò a rincorrere il cane.

Dopo quest'episodio, quando doveva uscire a fare i suoi bisognini, Tuffy prese l'abitudine di sporgere dapprima la testa fuori per guardarsi intorno e accertarsi che fosse sicuro uscire.

Fu davvero divertente e, ovviamente, smise di dare la caccia ai gatti, puntando gli uccelli.

Quattordicesimo racconto

I primi tempi, la nostra cucciola si spaventava per qualsiasi cosa. Mi ricordo che una volta un cuscino cadde e atterrò diritto, assomigliando vagamente alla forma di un bambino. Lei rimase lì davanti ad abbaiare per almeno cinque minuti.

Quindicesimo racconto

Il mio Rambo è proprio uno spasso. Pesa circa due kg ma pensa di essere un cagnolone da un quintale. Ci piace quando ringhia perché lo fa in modo molto rumoroso e feroce e produce un gorgoglio. Quando sentiamo questo rumore provenire dal suo corpicino quasi ce la facciamo addosso dalle risate.

I nostri bambini si divertono a giocare con noi alla lotta e la cosa più bella è che Rambo è iperprotettivo nei loro confronti. Quando ci vede lottare inizia ad "attaccare", pensando di poter fare qualcosa con il suo piccolo corpicino e tutti iniziamo a ridere a crepapelle!

Sedicesimo racconto

Un cane si riposa dopo essere stato ancorato alla griglia di una macchina per quasi 96 km. Ha viaggiato da Coleraine a Belfast, incastrato sulla parte anteriore di una Peugeot 306.

Dopo aver sentito un tonfo, l'uomo alla guida pensò di aver colpito qualcosa sulla strada a doppia carreggiata fuori Coleraine, ma non vedendo nulla, continuò il suo viaggio inconsapevole del "passeggero". Fu solo una volta arrivato all'Arena Odyssey di Belfast che sentì un latrato dal cofano anteriore.

Dopo un'impresa del genere, il cane era comprensibilmente scontroso. Come racconta Peter Allen nella trasmissione "Drive" su Radio 5 Live, questo atteggiamento gli fece guadagnare il soprannome di Padre Jack in onore dell'irascibile prete nella sitcom Father Ted.

Diciassettesimo racconto

Descrivere un cane può essere un esercizio di scrittura molto divertente. Quasi tutti amano i cani e ciò di solito traspare in un compito sui nostri amici a quattro zampe. In questo testo ci sono tre livelli diversi. Si parte dal Livello 1, Inglese di base, fino al Livello 3, Inglese Intermedio. Le griglie devono essere lette dall'alto verso il basso ma può risultare più facile estrarre le parole che trovate utili e metterle insieme per il vostro saggio. Se siete studenti, spero che questo vi aiuti con il vostro compito. Dio vi benedica, prendetevi cura di voi.

Abbiamo una cagnolina da borsetta. Almeno è così che la chiama mia madre, probabilmente perché la porta con sé a fare la spesa infilandosela nella borsetta. E' una deliziosa yorkshire terrier in miniatura. La sua qualità migliore è il fatto che sia amichevole con tutti, in particolare con i bambini. Adorano i suoi occhi castani e il suo pelo lucente. Ha anche delle adorabili zampine. Sono simili a quelle di una volpe e adora scavarci nel giardino. Ha anche una piccola coda simile a marshmallow. E' bianca e soffice, e per questo la chiamiamo marshmallow.

A volte sa essere molto snob e schizzinosa riguardo al cibo. Storce il naso davanti al cibo per cani ma vi azzannerebbe la mano per un digestivo al cioccolato. I suoi dentini affilati sminuzzano qualsiasi cosa le diamo.

E' sempre allegra ed è per questo che la adoriamo. Il suo corpicino sottile come un fuscello è molto energico. Di sicuro a volte crede di essere una gazzella o un ghepardo! Anche se sa essere lunatica come un bambino, non la cambieremmo con niente al mondo.

I Labrador sono molto contraddittori. Sì, sono adorabili e giocherelloni ma mi sembra che a volte nascondano un lato oscuro. Una sera d'inverno, il mio Elvis era vicino al fuoco immerso nei suoi sogni da cane, quando all'improvviso emise un ringhio da far gelare il sangue. Quando lo fa assomiglia a Cujo, con i denti digrignati e i peli ritti sul collo. Spesso mi chiedo se stia sognando di dare la caccia a un coniglio o a un ladro immaginari. Forse sono solo gli ultimi residui dell'istinto da cane lupo che vengono in superficie. Non ha mai mostrato aggressività nei miei confronti ma è una cosa che fa comunque riflettere.

Quando ritorna alla modalità Labrador, lo fa proprio bene. Gli occhi tornano caldi e tranquilli e scintillano di un blu laguna. E' anche molto dotato fisicamente. Ha il pelo bruno, quasi ramato, e saltella energicamente da una parte all'altra su quei suoi soffici cuscinetti. Grazie alla coda aerodinamica che gli permette di mantenere l'equilibrio, è il cane più iperattivo e agile con cui abbia mai avuto a che fare.

Diciottesimo racconto

Ho un boxer di due anni. E' bianco e marrone ed è molto intelligente e spassoso. Una volta ero fuori a chiacchierare con un amico, e lui correva intorno abbaiando a ogni persona che vedeva, addirittura a tutti gli altri cani e ai gatti di passaggio.

E' un cane fedele e si siede sempre accanto a me come se mi stesse facendo la guardia. All'improvviso, però, non riuscii più a sentirlo o vederlo ma continuai a parlare con il mio amico seduto sul marciapiede. A un certo punto sentii qualcosa di caldo sulla schiena, mi girai e vidi che il cane mi stava facendo la pipì sopra per marcare il territorio. Il mio amico rise a lungo e io mi sentii molto in imbarazzo e mi arrabbiai con il mio cane.

Tornai in casa e anche mia madre, mio fratello e mia sorella ridevano, perché avevano visto la mia t-shirt bagnata e maleodorante, quindi iniziarono a chiamarmi albero-toilette. Allora smisi di essere arrabbiato e iniziai a ridere insieme a loro. Che momento indimenticabile. E che cane!

Diciannovesimo racconto

A volte il mio cane si impossessa di una scarpa, di un panno da cucina, o di qualche altro accessorio della casa. Sono le uniche occasioni in cui diventa cattivo e ci ringhia contro. Ad ogni modo, noi urliamo "Vai in camera tua!" che è la lavanderia dove sono il suo letto e i suoi giocattoli e lui corre subito in "camera sua", ringhiando per tutto il tragitto come un adolescente arrabbiato!

Ventesimo racconto

La mia cagnolina si chiama PotPie ed è una Golden retriever. Quando la presi vivevo per conto mio quindi quando andavo al lavoro doveva rimanere da sola. Era davvero troppo vivace per essere lasciata incustodita e un giorno al mio ritorno trovai il divano in mille pezzi e lei adagiata lì sopra come se non fosse successo nulla. Le scattai una foto che ancora oggi è la mia preferita. Aveva un'espressione di negazione totale, ed era distesa lì come se finalmente il divano fosse diventato comodo anche per lei.

Ventunesimo racconto

La mia Daisy è un incrocio tra un Jack Russell e un Chihuahua. E' uno spasso quando cerca di saltare sul letto. Do un colpetto al letto per farla saltare su e lei cerca di correre e saltare ma rimbalza sul bordo e cade a terra. Di solito assisto a questa scenetta per tre-quattro volte.

Ho anche una gatta. Una volta, quando era cucciola, era con me sul letto quando Daisy entrò in camera. La chiamai e lei cercò di saltare sul letto come al solito e quando finalmente ci riuscì, si rese conto che c'era anche la gatta. Si immobilizzarono entrambe, iniziando a fissarsi. Il pelo sul collo di Daisy si rizzò un po', anche se sembrava volesse giocare.

All'improvviso, la gatta saltò verso di lei e Daisy si spaventò così tanto da indietreggiare e cadere

dal letto. Non si fece male e quando cercò di
risalire su, finì per spaventare la gatta. Si fecero
paura a vicenda e fu molto divertente assistere a
questa scena.

Ventiduesimo racconto

Un giorno andai a fare una passeggiata nel parco con il mio cane Jake. In questo parco ci sono specifiche aree per i cavalli che convergono sui sentieri per persone. La prima volta che Jack vide i cavalli, li guardò come se fossero dei giganteschi cani. Non si sentiva molto sicuro con loro. All'inizio li passò accanto di sbieco ma dopo prese coraggio e si avvicinò a uno di loro per annusarlo. A sua volta il cavallo abbassò la testa per annusare Jack. Sembrava che i due stessero iniziando ad andare d'accordo quando il cavallo starnutì vigorosamente su Jack. La sua reazione mi fece scompisciare dalle risate. Ancora rido quando ci ripenso.

A Jack piacciono ancora i cavalli e quando li vede vuole avvicinarsi a ognuno di loro per dire "Ciao".

Ventitreesimo racconto

Ho un Welsh corgi piccolo e rotondetto che ama i dolciumi. I suoi preferiti sono i leccalecca. Un giorno lo portammo con noi e lo lasciammo sul pick-up acceso mentre facevamo la spesa. Mio figlio aveva preso molti leccalecca alla fragola. Torniamo dentro e sentiamo questo rumore simile a un risucchio, mi girai e chiamai "Reggie" e lui sollevò la testa dal sedile posteriore con un leccalecca che gli pendeva dalla bocca.

Ventiquattresimo racconto

Ho un incrocio tra Pastore tedesco, Beagle e Bassotto. E' una bella cagnolina della taglia di un Beagle con molta energia.

E' stata investita per ben due volte. Di conseguenza, e probabilmente anche avendo osservato noi umani, ora si siede sul sedere e stende una gamba proprio come una persona. Addirittura, piuttosto che sedersi sulle zampe posteriori come fanno molti cani, le lascia ciondolare. Quando la vedo sedersi su ogni scalinata come gli umani mi fa ancora ridere a crepapelle. Si siede perfino in veranda a guardare il tramonto con la coda appiattita sul pavimento di legno.

Venticinquesimo racconto

Come la maggior parte dei cani, il mio adora masticare le cose. Ciò che lo rende così spassoso è il modo in cui gli piace masticare i suoi giocattoli o gli ossi, e praticamente qualsiasi cosa su cui riesce a mettere le grinfie. Quindi immaginate un barboncino sdraiato di schiena, con le zampe anteriori su un osso adatto ad un cane della taglia di un pastore tedesco, che mastica di continuo.

In quei momenti la sua gioia è palpabile, basta chiamarlo mentre è intento a masticare qualcosa per accorgersene. La scena mi fa sempre sorridere ma, qualsiasi cosa abbiate intenzione di fare, non pensate minimamente a togliergli quell'osso…altrimenti inizia la caccia!

Ventiseiesimo racconto

Avevo invitato alcuni amici, quindi circa un'ora prima del loro arrivo, portai il mio cane fuori per fargli fare i suoi bisognini. Dopo la passeggiata, faccio la doccia e mi vesto, esco e lo trovo che corre sul pavimento in legno e che si trascina il didietro con le zampe anteriori. Aveva imbrattato di feci tutto il soggiorno. Proprio in quel momento, il campanello annuncia l'arrivo dei miei amici.

Ventisettesimo racconto

Avevo un cucciolo appena preso da un'associazione animalista. Era il cucciolo più adorabile del mondo. Lo portai a casa mia, di notte dormiva con me come un neonato.

Il primo giorno in cui tornai dal lavoro, tutti i miei vestiti e scarpe erano ridotti a brandelli. E questo non è ancora niente. Il giorno dopo, il cucciolo agguantò la mia dentiera dal comodino, corse fuori e la seppellì nel giardino sul retro. Al mio risveglio non trovai la dentiera e dovetti disseppellirla e ripulirla tutta. Ma ritrovai solo la metà superiore. Andavo di fretta, quindi la lavai e me la misi, presentandomi al lavoro senza denti di sotto.

Ventottesimo racconto

Stavo giocando a "riporta" con il Jack Russell Terrier di nove anni che avevo appena adottato, Cooper, nel mio giardino sul retro recintato. Il vicino fece uscire il suo cane nel suo giardino sul retro. Questo era un piccolo Bichon Frisé, ricoperto da morbido pelo, di nome Snickers. I due cani non si erano mai visti. Il mio nota quello del vicino e si precipita verso di lui. Corre sotto la rete metallica come se non esistesse e inizia ad attaccare il cane del vicino.

Non riesco a raggiungerlo a causa del recinto che mi blocca la strada.

Il vicino si precipita da loro e spinge il mio cane lontano dal suo. Questo emette un guaito ed è distratto dall'attacco che aveva sferrato. Il vicino afferra il suo cane e lo riporta in casa.

Dopo aver fatto rientrare il mio cane, andai a scusarmi per il suo comportamento ma quando bussai alla porta venni ignorato. Per fortuna, scoprii in seguito che il suo cane non era rimasto ferito.

Ora il mio cane deve essere portato fuori al guinzaglio nonostante la rete metallica, che a quanto pare non riesce a trattenerlo.

Ventinovesimo racconto

Molti anni fa, davo lezioni di piano a casa. La stanza dove davo lezioni si poteva raggiungere facilmente dalla porta principale. Gli studenti entravano da lì ma era una sistemazione abbastanza intima e distaccata dal resto della casa. C'era una doppia porta che divideva questa stanza da quella adiacente.

In famiglia c'era un cane, Arnie, piuttosto imprevedibile. L'unica cosa di cui normalmente potevo essere sicuro era che sarebbe stato dall'altra parte della casa durante le mie lezioni.

Ero nel bel mezzo di una lezione con una ragazza quando tutto d'un tratto riconobbi un odore familiare e pungente al tempo stesso.

Sapevo di non aver emesso gas ed ero abbastanza sicuro che non fosse stata la mia allieva. Iniziai a sentirmi davvero in imbarazzo.

Con la coda dell'occhio vidi una palla di pelo bianca e nera. In qualche modo Arnie era riuscito ad aprire la doppia porta senza farsi vedere e si era nascosto dietro una sedia. O per essere più precisi, aveva fatto la cacca dietro la sedia. Non era proprio da lui. Poi se ne andò e io rimasi seduto lì senza sapere cosa fare. Una parte di me voleva dire qualcosa, mentre l'altra parte avrebbe preferito fare finta di non sentire nulla. Non sapevo se pulire il tutto o lasciar perdere finché l'allieva non se ne fosse andata. La ragazza comunque non disse nulla quindi forse non aveva un olfatto così buono come il mio.

Trentesimo racconto

"Il mio Westie Dash sollevò la zampa e fece la pipì su un mucchio di borsette da donna alla festa di cinquant'anni di mio marito", racconta Amy Weirick. La festa era nel giardino sul retro e, in difesa di Dash, le borsette erano ammassate sotto un albero. "A quanto pare, il suo preferito."

Un'altra volta, Weirick stava portando a passeggio Dash e passarono davanti alla scuola elementare durante l'allenamento di lacrosse di suo figlio di dieci anni. I bambini erano all'ombra di un albero, dove avevano messo le bottiglie d'acqua termiche. "Proprio mentre passavano l'allenatore e il figlio, Dash sollevò la gamba e fece la pipì sulla bottiglia d'acqua del ragazzo", racconta Weirick, che portò a casa la bottiglia, la strofinò per bene e la disinfettò prima di restituirla. "Morale della favola: agli occhi del nostro cane, niente di ciò che è stato lasciato sotto un albero può fermarlo se ha intenzione di lasciare il suo marchio."

Trentunesimo racconto

Di recente ho fatto un brutto taglio di capelli di cui mi vergognavo molto. Per dirla tutta, è successo il giorno prima di un evento di beneficenza molto popolare che avevo organizzato. Non ero a mio agio ma ho resistito, continuando ad arrossire per tutta la serata. Ricordo quest'episodio a causa di una recente lamentela da parte di un cliente. Aveva portato il cane da un acconciatore (non uno dei nostri, per fortuna) e affermava che il pelo era così corto che la sua cagnolina sembrava a disagio. Ha raccontato di come si sia precipitata fuori dalla macchina dentro casa per andare a nascondersi sotto il letto dopo questo "brutto taglio." Non ne è uscita per molte ore, neanche quando è arrivato a casa il marito e le ha offerto un regalino.

Anche i cani hanno le loro "giornate no per i capelli"? Non ci avevo mai riflettuto molto su. Ho scoperto però che ci hanno pensato alcuni ricercatori del comportamento canino. Il Dott. Marc Bekoff, precedentemente professore di ecologia e di biologia dell'evoluzione all'Università del Colorado e autore di "The Emotional Lives of Animals", durante la sua carriera, ha passato migliaia di ore a osservare cani, arrivando alla conclusione che essi provano "imbarazzo, timidezza e umiliazione."

Conviene con lui un altro ricercatore, il neurobiologo Dott. Frederick Range dell'Università di Vienna. I suoi studi dimostrano che i cani provano emozioni secondarie come "gelosia, senso di colpa ed empatia."

Scommetto che Markoff e Range sarebbero assolutamente d'accordo con la mia cliente riguardo al fatto che la sua cagnolina dal pelo troppo corto era senza dubbio "in imbarazzo."

Non tutti gli esperti di comportamento animale concordano. In realtà, la maggior parte di questi è dell'idea che ricercatori come Markoff e Range stiano tralasciando qualcosa quando parlano di cani con emozioni complesse come la vergogna (non vi piacerebbe sapere cosa dicono di me). La teoria tradizionale è che i cani facciano esperienza solo di emozioni dalla reazione istantanea come paura, gioia e rabbia. E' condiviso il pensiero che la vergogna sia molto oltre le possibilità dei cani.

Mi piacerebbe che incontrassero i miei cani e continuassero a crederci. Non solo sono convinto che questi provino emozioni secondarie, ma sono anche capaci di essere profondamente stupidi. Studiate questo, maestrini so-tutto-io.

Nella mia esperienza lunga diciannove anni nei panni di Babbo Zampale ho assistito a una sfilata quasi infinita di cani e gatti agghindati e acconciati come delle bamboline. Posso assicurarvi che certi animali non condividono per niente ciò che mamma e papà li stanno facendo.

Trentaduesimo racconto

Io, mio marito e mio figlio andammo all'aeroporto a prendere degli amici di famiglia per le vacanze. Non erano quel che si dice degli amanti dei cani, ma li avevo rassicurati che il nostro cane sapeva come comportarsi e veniva sempre in macchina con noi. Eravamo in macchina da circa cinque minuti quando sentimmo una scorreggia rumorosa e mio figlio iniziò a ridere dicendo, "E' stato Reggie." Tutto d'un tratto tutta la macchina venne invasa dalla puzza e fummo costretti ad abbassare i finestrini per cercare di far cambiare l'aria velocemente. Quegli amici non ci chiesero mai più un passaggio in macchina.

Trentatreesimo racconto

La scorsa settimana eravamo tutti a tavola. Avevamo preparato un tipico pasto da vacanza, con tacchino, patate, sughetto, verdura e dolce. Mentre mangiavamo, eravamo all'oscuro di quello che stava combinando il cane in cucina. Axl (dal nome del cantante Axl Rose), era seduto sul bancone e mangiava un pranzo tutto suo. Quando mia moglie girò l'angolo per prendere dell'altro sughetto per il purè di patate, lo vide saltare giù dal bancone e precipitarsi in cantina. Sfortunatamente per noi, aveva mangiato tutto il sughetto.

Nelle ore successive, Axl rimase in cantina mentre tutta la famiglia rideva dell'accaduto. Mi chiesi se il sughetto lo avrebbe fatto sentire male, e mio nonno si chiese se avrebbe vomitato. Alla fine, Axl non si sentì male né vomitò. Sono certo, comunque, che questa storia accompagnerà noi e le generazioni future in tutte le riunioni familiari.

Non fatevi sfuggire il libro da colorare!

La tua recensione e i tuoi consigli fanno la differenza

Le recensioni e i consigli sono fondamentali per il successo di qualunque autore. Se ti è piaciuto questo libro scrivi una breve recensione, bastano davvero poche righe, e parla ai tuoi amici di ciò che hai letto. Aiuterai l'autore a creare nuove storie e permetterai ad altri di divertirsi come hai fatto tu.

Il tuo sostegno è importante!

Sei in cerca di un'altra bella lettura?

I tuoi libri, la tua lingua

Babelcube Books aiuta i lettori a trovare nuovi libri da leggere. Giochiamo a trovare la tua anima gemella, facendoti incontrare il tuo prossimo libro. Il nostro catalogo è composto da libri prodotti su Babelcube, un luogo di scambio che permette l'incontro tra autori e traduttori e distribuisce i loro libri in diverse lingue in tutto il mondo. I libri che troverai sono stati tradotti per permetterti di scovare bellissime letture proprio nella tua lingua.
Siamo orgogliosi di poterti offrire tutti i libri del mondo.
Se vuoi saperne di più sui nostri titoli esplora il catalogo e iscriviti alla nostra newsletter per conoscere tutte le prossime uscite, vieni a trovarci su:

www.babelcubebooks.com

www.ingramcontent.com/pod-product-compliance
Lightning Source LLC
Chambersburg PA
CBHW071510030726
47593CB00003B/1255